萨么气球

by Chiahui Gao

高佳慧 寫

red chameleon

ISBN-13: 978-0615848273 (Custom Universal)
ISBN-10: 0615848273

Written in San Francisco, USA

Contact Info: Chiahui.Gao@yahoo.com

Published By Red Chameleon

給 得然

for Deavon

Thank you for being such an inspiration in my life.

今天有小朋友過生日。

教室裡飄著一大串彩色氣球。

小然開心地大叫：

「藍色氣球！我要藍色氣球！」

老師拉下藍色的氣球給小然。

小然拉著藍色的氣球到遊戲場。

他好開心，

藍色氣球也好開心。

小然在草地上跑來跑去；

藍色氣球在空中跳上跳下。

突然，一陣大風吹來，

藍色氣球扯著小然的手往空中飛。

小然想：「藍色氣球想飛！」

他把手一鬆，藍色氣球往天空飛去。

藍色氣球-

越飛越高,

越飛越遠,

越飛越小,

藍色氣球飛走了。

小然看不到藍色氣球了。

他大聲哭了起來：

「我的藍色氣球，我的藍色氣球！」

媽媽來了，

媽媽說：「藍色氣球飛回家了！」

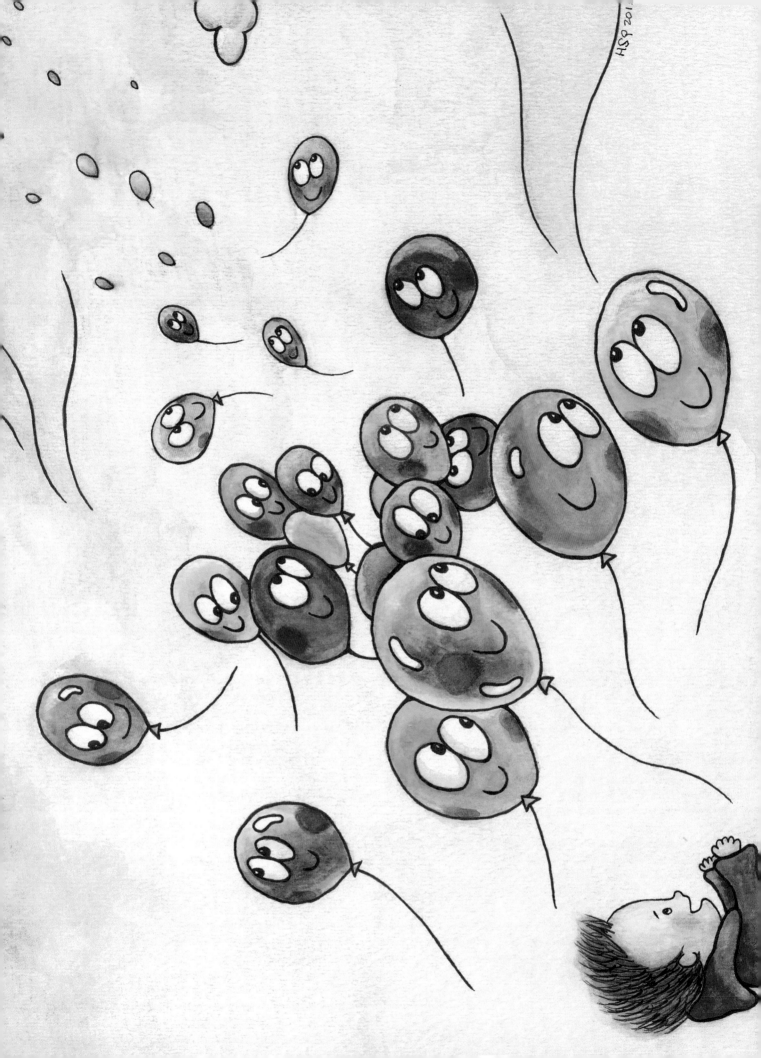

小然想了想。

他跑回教室，拉出全部的氣球。

小然放鬆手，

氣球們紛紛飛到天空中。

「回家！回家！」小然跳著揮手，

「氣球回家！」

氣球，

越飛越高，

越飛越遠，

越飛越小。

小然拉起媽媽的手，他說：

「媽媽，我們回家！」

BLUE BALLOON

藍色氣球

by Chiahui Gao

高佳慧 寫

生日	教室	氣球	開心	拉下	藍色
shēng rì	jiào shì	qì qiú	kāi xīn	lā xià	lán sè
BIRTHDAY	CLASSROOM	BALLOON	HAPPY	PULL DOWN	BLUE

今天有小朋友過生日。

jīn tiān yǒu xiǎo péng yǒu guò shēng rì

教室裡飄著一大串彩色氣球。

jiào shì lǐ piāo zhe yí dà chuàn cǎi sè qì qiú

小然開心的大叫:

xiǎo rán kāi xīn de dà jiào

「藍色氣球!我要藍色氣球!」

lán sè qì qiú wǒ yào lán sè qì qiú

老師拉下藍色的氣球給小然。

lǎo shī lā xià lán sè de qì qiú gěi xiǎo rán

Someone had a birthday today.

There is a big bunch of colorful balloons floating in his classroom.

Xiao Ran is excited. He yelled: "Blue balloon! I want the blue balloon! "

The teacher pulls down the blue balloon for him.

遊戲場　　也　在草地上　　跑來跑去　　在空中　　跳上跳下

yóu xì chǎng　yě　zài cǎo dì shàng　pǎo lái pǎo qù　zài kōng zhōng　tiào shàng tiào xià

PLAYGROUND　　ALSO　　ON THE MEDOW　　RUN BACK & FORTH　　IN THE AIR　　JUMP UP & DOWN

小然拉著藍色氣球到遊戲場。
xiǎo rán lā zhe lán sè qì qiú dào yóu xì chǎng

他好開心，
tā hǎo kāi xīn

藍色氣球也好開心！
lán sè qì qiú yě hǎo kāi xīn

小然在草地上跑來跑去；
xiǎo rán zài cǎo dì shàng pǎo lái pǎo qù

藍色氣球在空中跳上跳下。
lán sè qì qiú zài kōng zhōng tiào shàng tiào xià

Xiao Ran pulls the blue balloon to the playground.

He is very happy, so as the balloon.

Xiao Ran runs back and forth on the meadow.

The blue balloon jumps up and down in the air.

突然　　一陣大風　　吹　　扯著

tū rán　　yí zhèn dà fēng　　chuī　　chě zhe

SUDDENLY　　A GUST OF WIND　　BLOW　　PULLING

突然，一陣大風吹來，
tū rán yí zhèn dà fēng chuī lái

藍色氣球扯著小然的手往空中飛。
lán sè qì qiú chě zhe xiǎo rán de shǒu wǎng kōng zhōng fēi

Suddenly, a gust of wind blows over.

The blue balloon pulls Xiao Ran's hand and flies toward the sky.

想　　一鬆　　往

xiǎng　　yì sōng　　wǎng

THINK　　LOOSE　　TOWARD

小然想:「藍色氣球想飛!」
xiǎo rán xiǎng lán sè qì qiú xiǎng fēi

他把手一鬆,
tā bǎ shǒu yì sōng

藍色的氣球往天空飛去。
lán sè de qì qiú wǎng tiān kōng fēi qù

Xiao Ran thinks: "The blue balloon wants to fly! "
He loosens his grip and lets go of the balloon.
The balloon flies toward the sky.

越⋯越	越飛越遠	高	越飛越高	小	越飛越小
yuè …… yuè	yuè fēi yuè yuǎn	gāo	yuè fēi yuè gāo	xiǎo	yuè fēi yuè xiǎo
THE MORE..	FLYING FURTHER AWAY	HIGH	FLYING HIGHER AWAY	SMALL	FLYING SMALLER AWAY

藍色氣球-
lán sè qì qiú

越飛越高,
yuè fēi yuè gāo

越飛越遠,
yuè fēi yuè yuǎn

越飛越小。
yuè fēi yuè xiǎo

藍色的氣球飛走了。
lán sè de qì qiú fēi zǒu le

The balloon -
flies higher and higher,
flies farther and farther;
flies smaller and smaller.
The blue balloon flies away.

看不到　　我的　　他　　大聲　　哭　　回家

Kàn bú dào　　wǒ de　　tā　　dà shēng　　kū　　huí jiā

UNSEEN　　MINE　　HE　　LOUD　　CRY　　RETURN HOME

小然看不到藍色氣球了。
xiǎo rán kàn bú dào lán sè qì qiú le

他大聲哭了起來。
tā dà shēng kū le qǐ lái

「我的藍色氣球，
wǒ de lán sè qì qiú

我的藍色氣球！」
wǒ de lán sè qì qiú

媽媽來了，
mā ma lái le

媽媽說：「藍色氣球飛回家了！」
mā ma shuō lán sè qì qiú fēi huí jiā le

Xiao Ran can't see the blue balloon anymore.

He cries out loud. "My blue balloon, my blue balloon!"

Mommy arrives to pick up Xiao Ran.

Mommy says: "The blue balloon flied home."

想了想　　　　**全部**　　　**紛紛**　　　　**揮手**

xiǎng le xiǎng　　　quán bù　　　fēn fēn　　　huī shǒu

THINK FOR A MOMENT　　ALL　　ONE AFTER ANOTHER　　WAVE HANDS

小然想了想，
xiǎo rán xiǎng le xiǎng

他跑回教室；
tā pǎo huí jiào shì

拉出全部的氣球。
lā chū quán bù de qì qiú

小然放鬆手，
xiǎo rán fàng sōng shǒu

氣球們紛紛飛到空中。
qì qiú men fēn fēn fēi dào kōng zhōng

「回家!回家!」小然跳著揮手。
huí jiā huí jiā xiǎo rán tiào zhe huī shǒu

Xiao Ran thinks for a moment.
He runs back to the classroom.
He pulls out all of the balloons.
He lets go of the balloons.
The balloons fly toward the sky one after another.
" Go home! Go home! " Xiao Ran jumps and waves his hands.

氣 球 -
qì   qiú

越 飛 越 高,
yuè fēi yuè gāo

越 飛 越 遠,
yuè fēi yuè yuǎn

越 飛 越 小。
yuè fēi yuè xiǎo

小 然 拉 起 媽 媽 的 手,
xiǎo rán lā qǐ mā ma de shǒu

「媽 媽,我 們 回 家!」
mā ma   wǒ men huí iā

Balloons -
fly higher and higher,
farther and farther;
smaller and smaller.
Xiao Ran takes mommy's hand:
"Mommy, let's go home."

ISBN-13: 978-0615848273 (Custom Universal)
ISBN-10: 0615848273

Made in the USA
Charleston, SC
19 February 2014